그늘의 초록을 만졌다

이석구 시집

문학의전당 시인선
0296

그늘의 초록을 만졌다

이석구 시집

문학의전당

시인의 말

잠시 피었다 사라진
빨강 노랑 하얀 꽃
꽃을 보고 싶다

구름이 지나고
바람이 스치고
왔다 간 발자국들 길 위에 지워지고

꽃잎이 날린다

그 꽃을
곁에 두고 싶다

2018년 10월
이석구

차례

제2부

제3부

제4부

제5부

제1부

납매(臘梅)

발자국 꾹꾹 찍힌 얼음장 풀린 뒤

당신과 내 그림자는 물에 뜬 꽃잎 한 점

속눈썹 파르르 떨며
어디에서 꽃피우나

바람구멍 숭숭 뚫린 끝물의 붉은 매화

큰 돌 작은 돌이 에워싼 강물 소리

꽃망울 가운데 놓고
누가 먼저 향을 받나

백매(白梅)

당신은 죽고 못살
그렇지요 나의 애인

봄바람이 부네요
입맞춤을 해야지요

두 눈을 마주보며 웃고
밤 깊으면 좋구요

하얀 꽃잎 매화 한 잎
뽀오얀 꽃망울들

껍질에 코 박으니
암향이 은은하죠

꽃받침 안이나 밖을
입김으로 불어요

낮잠

칠월에 핀 능소화는 주황이 그림자다
혓바닥 무늬처럼 천연스런 색이란 듯
벌 나비 통째로 취한 붉은빛을 들인다

꽃대는 넝쿨보다 휘청휘청 감기면서
꽃망울 송이송이 더듬어 스민 햇살
꼭 다문 꽃잎을 벌려
입 안 가득 번진다

옷섶을 풀어헤친 곤한 듯 나른한 잠
담장 아래 고양이가 발을 얹고 짚는 허공
바위를 감아올린다
꿈에서도 힘을 쓴다

곡우(穀雨)

한눈에 들어오는 창문 밖 살구나무
저 살구나무 아래로 놀러가 연애하자
꽃들이 자꾸 피어서
다닥다닥 붙어서

새끼손가락만 한 가지를 덮어주어
만개한 꽃송이들 구름처럼 번진 의자
가볍게 신발을 벗고
백 년 동안 앉아보자

굵은 빗방울이 멈춘
푸른 그늘 저만치로
봄날이 가기 전에 애인을 기다리자
허공의 꽃 진 자리마다
풋살구가 열린다

먹감나무 둥지

이씨(李氏)네가 이사 오기 이전부터 있었다는
장독대 담장 너머 한 그루 먹감나무
샛바람 지나간 자리 성근 가지 휘어지고

아련한 단맛들이 진액으로 채워졌을
방바닥에 콩기름을 바른 듯 잘 익은 감
마루를 닦는 아내의 손바닥이 발갛다

서릿발 그늘 아래 나이테 쌓일수록
감잎 위에 고여 있는 눈부신 별이 좋아
굴뚝새 하루가 멀다고 날아오는 집이다

위미리 동백

동백 꽃잎 달라붙은
건너편 바위 그늘

일렬종대(一列縱隊)로 맞춰
물새 떼 날아간 뒤

혼자서
거기 앉은 건
먼 데서 온
나인데

바람이 멈추고서
그러고도 한참 동안

벼랑의 파도 소리
늦게까지 들은 다음

꽃과 나

둘 중 하나가
마지못해
떨어졌다

상춘(賞春)

흰나비 불러들일 백매를 심어놓고 천지간이 아늑하여 먹을 갈아 붓을 드니
꽃망울 한 점을 보태 묵향으로 번집니다

동암종택 안주인의 왼손가락 끝마디에 흘림체 먹물처럼 돋는 듯한 새순들이
대문 밖 매화 가지라 깊고 푸른 획입니다

동백, 다산초당

동백이 숨겨놓은 길을 찾아가 봅니다
대나무 두충나무 소나무를 기억하며
뿌리째 뽑혀 넘어진 차나무를 건너고

등 뒤에 발자국이
길은 아닙니다
무너진 계단 밟으며
올라온 동안에는
공중에 흐드러지게 핀
동백꽃이 길인 걸

동박새 깃털 하나 땅으로 떨어지다
꽃이 동백이었으니 냄새가 진동하여
탐진강 물에 씻어도
꽃가루가 묻힙니다

꽃과 꽃잎 사이

열흘 낮밤
배롱나무 꽃이 지는 무렵부터

아무나 아무 데나
아무렇지 않은 듯이

바람에
떨어뜨린 꽃
꽃물 스민
그때부터

옹이 진
마른 가지 꽃그늘 들어오고

안에서 바라보면
환하게 머문 햇살

아직은

손바닥 위에

피는 꽃이

달라붙는

넝쿨장미

그대 떠난 오월이면
지금 내가 그리운
그 옛날 짝사랑을
생각한다는 그건
내 몸속
어딘가를 만져
울퉁불퉁
더듬는 일

이 세상 누구보다
몹시 뜨거웠다고
문고리를 잡아당긴
그림자 흔들리며
장미의
붉은 가시가
허리춤에
박힌다

청화(靑畵), 혹은 바다에서

당신의 손가락이 햇살처럼 반짝인다

흰 나비 내려앉은 당신의 어깨처럼

당신의 낮과 밤으로 출렁이는 파도처럼

가슴을 스쳐가는 구름의 꼬리처럼

늦가을 강릉 바다 통째로 밀고 와서

갯바위 새파란 바다 모래밭에 스민다

그중에 하나 나는 그림자의 중심처럼

당신의 발자국에 달라붙는 포말처럼

수평선 파도 속의 바다 깊고 푸른 잠에 든다

분재

철사로 돌돌 말린
나무가 휘일수록
마디는 근사하게
뒤틀리고 구부러져
조금 더 힘을 보태며
비비 꼬아 틀었다

돌이였다 바위였을
산이다 구름이었을
동면의 뿌리부터
반가부좌 틀어
변이를 거듭하다가
옹이 부푼 나이테

오붓한 가을 오후
가져도 될 마음인가
맑은 하늘 창 앞이나
바닥 넓은 거실에서

나무를 한 그루 옮긴
직립의 숲속에 든다

4월에는

남생이 해오라기
모래톱 물결무늬

구름이 스치면서
산그늘 흐르면서

한 발짝 걸음 옮기며
건너가는 골짜기

아버지 무덤 앞에
연분홍 복숭아꽃

해와 달을 바꾸면서
그려놓은 눈썹처럼

꽃잎이 날아간다고
떨어지며 또 핀다

꽃집 애인

창문 밖 남쪽으로 뿌리를 뻗어 가며 끝물의 열매 달린 꽃받침 떠올리며 꽃대의 단면을 따라 길을 익힌 여자였네

꽃이 피어야 할지 잎이 돋아야 할지 그중 하나 고르라는 그저 그런 선택 대신 장미를 모든 꽃병에 듬뿍듬뿍 꽂아두고

등받이 긴 의자를 탱탱하게 튕기면서 지난겨울 쉰한 살 된 중후한 여자였네 아직도 몸에 든 꽃을 한 달에 한 번 새로 가는

모시나비

꽃이 많은 정원에는 빨강 노랑 하얀 보라

어디로 지나가든 모두가 색이니까

꽃잎을 잡고 날아간
잡힐세라
나는 나비

아무 일도 아닌 듯이 피는 꽃이 있을까

아무렇지 않은 듯이 가까이 나는 나비

보름달
그림자 한 바퀴
간밤에 본
꿈길이다

제2부

그늘의 초록을 만졌다

소나기 한 줄기가
쏟아진 다음에는
새소리가 들려오고
버들잎이 만져지고
물 위에 입혀진 무늬
당신의 긴 그림자

바람이 분다 불어도 그 끝을 잡지 못한
아무렇지 않은 듯이 흐르는 뭉게구름
배추밭 고라니 발자국 왔다 갔다 서성이고

잘못 드는 길이면 그대로 주저앉을
팔월 여름의 반은 물결에 떠올라서
수북이 쌓인 풀잎이
꽃피는 줄 몰랐다

바위에 똥을 쌌다

겪어봐야 아는 사람 건너봐야 아는 물속

안개가 깊이 머물다 휘돌다가 건너가는 갈댓잎 휘어져야 강물이 흐르는데 개천 개울 도랑이나 샛강이나 막히지 않는 물살이 들락날락 해야 통하는 세상인데 땡볕이 뜨겁게 달아오른 너럭바위 한가운데 새끼손가락만 한 똥 덩어리 붕어 잉어 가시 박힌 똥 한 덩어리

삵일까 부엉이일까 수달일까 누구 똥?

마른 수국에서

시계를 들여다본
세 시와 네 시 사이
아무것도 아닌 듯이
바람 부는 길 위에서
가슴이
서늘할 만큼
낮달 하나
스친다

이사 간 빈집 같은
그리운 풍경 속에
하얗게 돋는 것이
새로 핀 잎인 줄을
말없이
소리도 없이
곁에 온 건
봄이다

홍매(紅梅)

봄이 오는 길에서
얼음덩어리 품고서

꽃망울 뒤집으며
한 성깔을 부린 거야

매화가
피는 날이야

어느 하루
순간이야

쉽게 갈아 치우는 마음이 아니라는

손톱에 묻어나온 꽃잎의 붉은 얼룩

꽃피다
코끝에 걸려

숨이 막힐
향(香)이야

알츠하이머 매화

그런데 그렇지만 그렇다는 어떤 말에
익힌 말과 아는 말이 입속에 맴돈 말들
선암사 매화 한 잎을 스치면서 남긴 말들

말하지 못한 말이 하고 싶은 많은 말들
밀물의 시간 맞춰 사라지는 섬 같은 말
표정을 헤아리지 못한 설움 같은 그런 말들

대웅전 발자국을 빗자루에 쓸어 담듯
맨 처음 기억 속에 당신 혼자 남은 말은
달빛 든 매화 가지가 연두보다 푸르다

가을

링거 매단 줄을 잡고 호흡하면 빨강이다 삽날에 찍혀 나온 흙을 한 판 뒤집다 논바닥 진흙무늬가 출렁이면 빨강이다

광장의 촛불처럼 떨리는 건 빨강이다 눈과 코 입속에서 울긋불긋 단풍 든다 숨소리 타들어 가는 목구멍이 빨강이다

소나무 타는 장작 냄새도 빨강이다 물기 없는 입김도 햇살도 빨강이다 늦가을 바람자락에 날려간다 빨강이다

넝쿨장미를 넘다

골목의 깊이만큼
달아놓은 꽃잎들
주황이든 빨강이든
향내가 기가 막혀
그냥 확
불 지르는 거야
불을 질러
보는 거야

시간이 흘러가면
통하는 그리움과
그 집에 하나뿐인
창문을 여는 거야
꽃잎을
나도 모르게
만져보고
오는 거야

화엄사 동백

가는 길 낯선 곳은 산짐승 지나간 길
낙엽을 밟으면서 눈발이 스치던 길
비문의 음각을 읽듯
오래전에 걸었던 길

가깝고 먼 지리산 산자락 길이만 한
바지랑대 끝에 걸린 운동화 한 짝만 한
고라니 발자국 따라
보름달을 바라보다

허공에 목매달듯 툭툭 꽃이 떨어지고
산 아래 흩어지면 화엄(華嚴)의 무늬라고
숲에서 삼십 년 보낸
산지기가 말한다

물 건넌 집, 동암(東巖)

강물은 여자의 일부 물살의 꼬리뼈는 나

갈대가 흔들리면

수몰지를 짐작하다

멈춰선

발가락 사이

물컹하게 낀 물때

온몸이 풀리면서 바닥에 닿는 무릎

끝없이 가라앉아

수초를 건져 올린

맨 처음

사랑한 여자

강물 아래 서 있다

그대 능소화

정오의 그림자가 머물다 간 발자국을
기다렸다 기다렸다며
흔들리는 마음처럼
꽃망울
담장 너머로 휘청하는 바람이다

아무나 보든 말든 하늘까지 뻗어 올라
혼자서 피는 꽃이
묶어놓은 넝쿨들
내민 손
손을 놓칠까 당신과 입 맞추지

스치는 건 햇살일까 감았다 눈을 뜰까
실핏줄 터지면서
심장이 뛰는 소리
칠월의
여름 들판은 꽃이 져도 발갛다

월동(越冬)

썰물이 빠져나가 끝을 감춘 수평선에

눈발과 얼음 사이 아득한 파도 소리

강진만 뻘밭 갈대숲 제방 너머 큰고니 떼

페트병 스티로폼 곤포사일리지* 같다

날아와서 날아오다 웅크리고 걸어가다

물길에 미끄러지며 물때 맞춘 발자국들

강은 길게 잡아당겨 질질 끌려오는 걸까

날려가지 않을 만큼 들락날락 물을 섞는

동백꽃 지는 소리가 물갈퀴에 걸린다

---

*수분 함량이 많은 볏짚을 모아서 사일로(Silo) 용기에 진공 저장, 유산균 발효시킨 사료로서 원형의 흰색 비닐로 감아놓은 것.

어떤 가을

마당 아래
하얀 나비 하얀 나비 날개 같은

골짜기 언덕바지
도라지밭에 나앉은

수졸당
늙은 장모가
건져놓은
국수 같은

처마에서
안방으로 비치는 햇살이다

툇마루 푸른 그늘
당초무늬 닮았다며

문 열고

밖에 나오니
풀벌레가
앉는다

그 집, 노란 장미

뒷마당 텃밭 옆에 장미를 심었는데 담벼락 사이사이 틈이 있어 바람 불 때
뿌리가 올라온 줄기 아흔아홉 꽃송이

엄지손톱 크기만 한 꽃망울과 잎사귀들 꽃물이 흐르도록 하루 이틀 기다리며
수졸당 마루에 앉아 눈 맞추고 입 맞추고

꿀벌이 날아와서 멈칫하여 망설이다
구름을 시나브로 옮겨놓은 햇살처럼 휘어진 넝쿨 엮으며 꽃잎 위로 스친다

할머니, 제주 동백

옆구리에 기대앉아 샛별처럼 달라붙은
집 나간 제 어미를 빼다 박은 어린 손녀
허리춤
붉은 동백이
손녀만큼
고울까만

검은 동백기름보다 달빛이 좋을까만
먼 데서 바라보듯 마른침 삼킨 얼굴
주름살
접었다 폈다
거울 속에 비춘다

자운영

새참으로 늦게 내온
밥알 같은
꽃입니다

배고프시겠다며
어서 많이
드시라고

내 몸에 묻은 진흙도
붉은 꽃밥입니다

제3부

마른 강을 지나

흘러올 물도 없고
내려갈 강도 없는

십이월과 다름없는
산 그림자 지나가는

고라니 얼어 죽은 몸에 마른 풀을 덮었다

눈발이 쏟아지고 사라지는 발자국들
먹먹한 그늘 속에 소름 돋친 서릿발들
내성천 바람 냄새를 우려먹을 듯싶고

초저녁별을 닮은 아버지 하품처럼
입속을 벌려가며 부풀어 오르는 건
날씨 참 더운 날이네
진달래가 필 것 같다

초록 1

꽃이 핀 줄 모르고 뽑은 풀이 새파랗다
등 뒤에 돌아앉아 매달린 흙덩어리 움켜 쥔 풀들이 모여 손아귀가 수북하다

아침에 꽃핀 자리 나비는 날지 않고 뿌리가 뽑히면서 구덩이를 메운 허공
밭이랑 쌓인 풀잎들 뽑은 풀이 가볍다

초록 2

하얀 쌀국수처럼 소나기가 쏟아졌다

신발 끈 풀리듯이
물살이 흐르듯이

밭둑에
걸터앉으니 무릎뼈가 시원하다

날을 세운 호미로 뽑지 못한 뿌리들이

월남댁(越南宅) 치마만 한
토란잎 한가운데

흙냄새
번진 그늘을 새파랗게 에워싼다

초록 3

고라니가 건너가고
수달이 몸을 숨긴
나앉은 다리 밑에
모래가 스치듯이
내성천 물결 소리가
안개 속에
흐르듯이

신발 벗고 양말 벗고 박차고 달린 수면 버들잎 스며드는 비릿한 물살이다

바위와 모래톱 사이 발자국이 초록이다

내성천에게

안개가 자욱한데 당신 잘 지내나요

시월이 가기 전에 울퉁불퉁 튕겨 나온 애호박넝쿨처럼 길게 끌려나와 발자국 한 번 찍어본 적 없는 당신과 나 사이에 모래를 옮기는 강

구만리 흘러야 할 강
당신 안녕
하신지요

내성천에서

강둑에 쏟아지는 한 줄기 소나기만큼

모래가 모래끼리 좌향(坐向)을 트는 여울

깊은 밤 푸른 외바퀴

건너가는 달빛 같다

물밑 바닥 노려보며 부리 박는 왜가리가

바람자락 잡아채며 출렁이는 버드나무

고라니 놀란 발자국

산그늘이 솟구친다

내성천 여울

풀잎을 스치면서 흐르는 물이 깊고
수십 억 모래알로 수평(水平)을 맞춘 물이 깊고
왜가리 수달 발자국 모래밭에 물이 깊다

아득한 물결 너머
바위 그늘 건너는 강
제철을 맞춰가며
조팝나무 꽃이 피고
산자락 휘돌아 나온
물소리가 내려간다

보(洑) 위에서

해와 달이 번갈아 비치는 줄 알았다
수초의 물방울을 매달고 다니다가
숨구멍 아! 아! 벌리고 떠오를 줄 몰랐다

강 건너 제방에서 백리 밖 포구까지
가시박 넝쿨처럼 촘촘하게 번진 녹조
썩다가 거품 물고서 끓어 오른 냄새다

시멘트 웅덩이로 고이는 게 아니었다
버들가지 잎을 엮어 집 한 채 세워야지
멀쩡한 강을 건드려 새로 짓는 게 아니었다

물의 시간

바람이 지나가는 제방 너머 가장자리
바퀴 빠진 오토바이 페트병과 엉키다가
번호판 녹이 슨 채로 소용돌이 친 하수구

물살의 소리마저 삼켜버린 저물 무렵
청둥오리 앉았다가 날아오른 수평선에
갈댓잎 한 장씩 넘겨 그림 그린 강인데

냄새 참 고약스런 녹조가 번지기 전
물소리 바람 소리 음표처럼 찍어가며
낙동강 수천 수만리 흘러가야 할 물인데

어떤 초록

번지는 물결 따라 강으로 흐르다가

멀리서 새떼들이
구름처럼 몰려올 때

떨어진
꽃잎 흐르며
소용돌이칠 그때

풀섶을 지나가다 벌레가 뒷걸음칠 때

푸른 열매를 맺은
상수리나무 옆에서

바위를
찾아 앉을 때
내가 하루
머문다

먼 초록

바람을 훑어가며 날아간 새털구름

가야금 매듭 풀듯 버드나무 가지 몇 개

잠자리 명주실잠자리
은입사(銀入絲) 된 달빛 같다

개망초 꽃대궁을 한 움큼 움켜쥐고

산자락 끼고 돌아 물 건너 내 집으로

소나기 스치며 간다
물방울이 비릿하다

왜가리

청명(淸明) 지나
햇살 아래 진흙밭을 걸어가다

날개를 펼치면서
자운영 꽃을 밟다

논두렁
풀벌레 사이
발걸음을
멈추다

노란 부리
긴 모가지 힘줄을 꺾는 다리

늪의 문을 열어놓고
논물이 스며들자

새파란

물밑 바닥을

응시하는

돌부처

검은 새

저 새는 목을 뽑아 깃털을 말리는가

마주친 눈동자는
빛나던 속눈썹은

검었지
얼룩이 까만 석유 냄새가 났지

날개 뒤의 하늘로는 눈길 한번 안 주었지

훅, 불면 날아갈 듯
동백꽃이 떨어지던

꽁지를
올렸다 내린 석유난로 심지 같은

제4부

꽃병이 있는 집

정수사* 법당 문은 꽃살무늬인데요
벌 나비 드나들다 날아가는 문짝으로
날개가 스치기만 해도 뚝뚝 꽃물 떨어져요

세상에서 제일 고운 연꽃이며 모란을 꽂은
저런! 저런! 꽃가루가 날리는 꽃병 아래
문풍지 조심하세요
발꿈치를 들고요

문지방을 건너다 헛디뎌 넘어지면
거봐요, 스러질 듯 출렁출렁하는 꽃대
툇마루 문고리 잡고 흔들리는 부처님 댁이죠

---

* 인천광역시 강화군 화도면 사기리 산88번지에 있는 사찰.

뾰족뾰족한 봄

동암종택 재실 옆에 매화 한 주 심었는데

곧으면서 부드러운 나이테 중심에다

칼집을 조금만 내도

하얀 꽃이 필 듯해

봄 햇살 쏟아지며 흔들리는 어린 가지

가슴 아래부터 뜨겁고 깊은 호흡

뾰족한 신발 끝처럼

먼저 돋는 연두라네

그

—규학이 형에게

술이 있고
잔이 있고
비우는 잔 따르는 술

알맞게 채워지지 않는 것이 마음이라

천천히 내리는 눈발
술 한 잔 하자는 그

그냥 같이 밥 먹고 산다는 늙은 여자와

술 주전자를 든 그가 기다리는 문 앞에서

잣나무 빈 가지 위로
비둘기가 날았다

꽃구경

—홍매
눈 덮인 지리산에 봄이 언제 오려는지
서늘한 얼음덩이가 한 잎 꽃잎에 녹을까
화엄사 저 골짜기를
건너봐야 알 것 같네

—화분에 잣나무
그대 곁을 지나가는 길이라도 좋습니다
꽃핀 게 바람 탓인가 꽃이 진 게 내 탓인가
화분에 뿌리내린 싹 연두(軟豆)보다 밝습니다

—박꽃
빈자리 옮겨가며
울타리에 묶인 넝쿨
그믐달 꼬리 같은
꽃망울 돋으면서

한 장씩 넘긴 잎사귀
벽을 잡고 펄럭인다

—감국
장독대 담장 아래
하얗게 서리 내려
화선지 펼쳐놓고
꼬들꼬들 말린 국화
바람의 소리가 높다
높아가는 하늘이다

이 선생 쌈 한 봉지를 받아서

상추 당귀 깻잎사귀 새파랗게 쌈을 싸다

배추밭에 싹이 나서 쑥갓꽃 필 때까지

포개고 내민 손바닥
입을 모아 쌈을 싸다

우렁된장 풀어놓고
짜글짜글 끓어오른

칠월 염천 마당 아래
밥상머리 둘러앉아

풀섶에
기댄 풀벌레
곁에 서서 쌈을 싸다

만개(滿開)

쉰 넘은 사내 셋이 배낭 메고 산에 간다
아래로 많이 처진 뱃살을 얘기하다
비탈길 기울어져도 흐드러진 꽃 좋단다

그중에 홀아비가
옛 애인 생각난다며
진달래 핀 너럭바위와
자리바꿈하고 싶다며
취중(醉中)의 흔들리는 몸
추스르며 산을 탄다

진달래 사이사이 꽃핀 자리 더듬는데
한 여자 꽃을 따서 먹다가 나를 보네
보기는 무얼 보냐고 눈 흘기며 날 보네

허리춤에 스친 꽃을 돌아서서 보는데
꽃빛 달아오른 지가 언젠데 이제 타오르느냐고
그녀와 어울릴까봐 내 얼굴이 붉어지네

즐거운 산

—하산

걸어왔던 지점으로 뒤돌아가야 할 때
얼음 속 눈보라가 가시처럼 휘감길 때
천상을 거슬러 오른 눈발들이 흩어진다

허공에 남은 발자국
아득한 낭떠러지
어둠이 오기 전에
잔설을 뒤집어쓴
처음은 어디였는가
찾아갈 길을 잃었다

—철쭉

가장 추운 허공에서 등짐 진 남자 셋이
여자와 미끄러져 눈길을 굴러가다
차가운 바위 옆에서 얼어붙은 철쭉을 보리

수천수만 개 꽃잎
능선을 떠받치며
천년이 하루 같을
때가 오면 피어나리
바람도
홀가분하게
때가 되면
스쳐가리

겨울 산행

—폭설(暴雪)

걸음을 뗄 때마다 삭풍이 몰아친다
골짜기 비탈길로
거꾸로 넘어지며
소백산 비로봉을 향해 걸어가는 발걸음들

내 발자국 패이도록
매달려본 게 언제였나
선두에서 멀어져도
멈춰선 건 아니라고
눈발은 묵은 눈 위에
내리고 또 쌓인다

—방전(放電)

숨 막힌 가슴부터 울리는 메아리다
아득한 벼랑에서 동쪽 산맥 아래까지
꽁꽁 언 철쭉 뿌리가 화염보다 뜨겁다

분갈이

김 선생이 자전거 타다
넘어질 때 접질렸던
붕대로 감싼 약지(藥指) 둘째 마디 통증 같은
햇살을 뒤집은 화분 철쭉 뿌리 누렇다

노루꼬리 꼬리만큼 달아올라 엉긴 줄기
쐐기문자를 닮은 서너 점 꽃망울들
줄줄이 쏟아져 내려
바닥에서 구른다

가위를 든 그가
반듯하게 잡는 수형(樹形)
공명 같은 나이테가 나뭇가지 흔들면
밀어서 문 밖에 옮긴 노랑나비 날개다

풀, 꽃

아내의 등에 기대
어루만지는 하늘

풀꽃들
피고 지고
꽃이 한번
더 피고

가까이
손을 스치며
다닥다닥 닿은 꽃들

흩어지는 풀, 풀꽃들
풀은 꽃을 흔들고

들썩들썩
갈아엎은
밭이랑에

풀이 가득

아내의 무릎 아래가
풀잎으로 쌓였다

만리포에서

횟집 앞 백사장이 밀물에 넘어오네
의자에 앉은 황씨 갈매기 소리 듣는 수평선 파도보다 큰 파라솔이 뜨겁네

굴과 게와 조개껍질 흩어진 문 앞에서
흘림체 붓끝처럼 낮달이 스치면서 갯바위 고인 바닷물 팔딱이는 물고기들

황씨의 어깨 너머 겸손한 이마 위로
와장창창 부딪치며 쏟아지는 파도 소리 바닷가 횟집 수족관 저녁놀이 출렁이네

저녁 바다

감겼다 풀리면서 침몰하는 구름자락

은퇴 번복 회견장의 중년 여배우처럼

주름을 당겼다 놔도
늘어지는 뺨 같다

그녀의 속눈썹을 열고 들여다본다

부풀어 출렁거린 붉은 파도 사이

한물간 꽃밭이지만
노을빛이 아늑하다

그리고 사과

햇볕이 돌아가며
빨갛게 고루 익은

무량사 초입에서
사온 사과 한 봉지

상처가
스며 나온 향이
진동하는
홍옥이다

가을의 끝물처럼
깊어가는 늦은 저녁

늙은 냄새나는
아내의 손을 잡고

둥글게

도려낸 꼭지
사과 한입
베어문다

신월하정인(新月下情人)

아파트 단지 앞 놀이터 담장 아래
방범등이 훤히 비춘 등나무 그늘에서
여학생 허리 품은 건
동갑내기 남자애다

긴 의자 넘어질 듯
들썩이는 이팔청춘
그렇게 좋니 어린 것이, 벌써 연애질이야
늦었다 집에 안 가고? 꼴사나워 말하는데

마음이 행동으로 옮겨가는 몸뚱이를
부러우면 참견 말고 가만두라는 옆집 사내
얘들아 숨어서 하렴
머리카락 보인단다

만행(卍行)

늦은 저녁 비 온다 땅콩만 한 빗방울이다
투두둑 운주사 와불
옷깃이 뜯어져
집 밖을
나설 때부터 좀약 냄새가 난다

맨살을 덮을수록
바람에 날릴 것 같은
휘어진 등에 걸쳐 걸어가며 입어야 할
내 생애
옷 한 벌이라 세탁하여 말린다

세상에서 가장 먼저
벗어놓은 허물일까
아무 데나 발 닿아도 문 열고 달을 보며
옷깃이
접힌 모양대로 길을 가는 중이다

쌈 한 봉지

텃밭에 뿌린 상추
새파랗게 싹이 나서

한여름 소나기를 받아가며 뜯어놓자

잎들이 펴지는 소리
바구니가 눌렀다

구멍 뚫린 상추 위에
포개 얹은 마늘 한 점

쌈장에 찍어도 좋고 쌈을 싸도 아삭하다

하얗게 양떼구름이
풀을 뜯고 지나간다

제5부

살구로부터

연변에서 온 새댁이 살구를 수확한다
살구나무 가운데서 처음 따는 열매를
한 계절 내내 매달려 바라보기만 했단다

멀어져 가는 것은 그리움이 아니라며
짝사랑 남자네 집 문 앞을 서성이듯
혀끝이 단내 날 때까지 한 알 베어 씹는다

시큼한 맛이면 어때 아니면 또 어떻고
깊고 푸른 그늘 휘어지도록 달린 살구
첫물에 부풀어 오른 장맛비를 받아낸다

오토바이를 타다

잠시 사귀다 헤어진 옛날 애인 어깨 같은
고개를 넘은 다음 쉬었다 가는 읍내
벚나무 그늘 옆에서 나도 모르게 웃습니다

시집오기 전 그해 메콩강이 생각난 거죠
강둑을 지나면서 오토바이 올라탔던
스무 살 새파란 나이 헤어진 첫사랑을요

커다란 눈의 애인이 떠오른 게 미안해서
남편 모른 캄보디아어로 인사하고 나온 아침
시장에 도착할 때까지 가속도를 붙입니다

폭설

동남아 노동자가 암송하는 코란에도

퇴근길 샛강 건너 대림동 쪽방에도

어둔 밤 눈 내리는 소리
가로등에 스쳐요

오른발 왼발 바꿔가며 집으로 돌아가요

지하철 근처에서 기다리는 버스에도

신발 속 발가락 사이
쏟아지는 눈발들

저절로 감는 눈썹
—캄보디아 새댁

—뒤란
구름이 머물다 간 장독대 가장자리
날개를 출렁이며 잠자리가 날아와서
긴 꼬리 이틀에 한번 담궜다가 꺼내지요

—그림자놀이
길을 가다 나를 보고
눈길은 주지 마오
해를 가린 코끼리가
등 뒤로 다가올 때
벽들이 어두워지면
그림자를 올라타오

—술래
바나나 잎사귀에
일 년 내내 매달린 엄마

이제 일은 그만하고
이리로 얼른 나와
감은 눈
크게 뜨면 보여
내가 보인단 말이야

—소나기
달팽이 더듬이로 빗물을 받았더니
풀섶에 청개구리 웅덩이로 빠졌는지
논두렁 늙은 암소가 물끄러미 바라본다

—마루
아랫마을로 마실 간 남편을 기다리다
잠이 든 툇마루에 반달 걸린 오동잎
내 몸에 오동꽃 몇 개 붙여놓고 흔든다

없는 꽃들
—베트남 댁

—노란 꽃

엄마 나는 가난을
견뎌야 하는 건 싫어
입 하나 덜어야 할 집에서 벗어나고
어느 날 나이가 차서 당연한 듯 시집왔어

—파란 꽃

스무 살 많은 남자와
뿌리치지 못한 결혼
그이는 걸핏하면
무섭게 많이 때려
이유를 모르고 나는
무릎 꿇고 빌어야 해

술 사러 가는 그이가 나는 매일 두려워
사람답게 살기 위해 도망치고 싶었는데
그리운 엄마 옆에서

얹혀살면 안 될까

—종이꽃

엄마 얼굴 잊힐까 잊지 못해 꽃을 접고
내 피를 말리다가 술병에 그는 죽고
고향을 생각하는 거 이제 다시 없을 거야

커다란 손을 닮은 방 안에 들어앉아
만수향 냄새가 밴 하얀 종이 꽃을 접어
바닷가 뭉게구름만큼
엄마 내가 미안해

책상과 밥상 사이
—베트남 댁

—정오
담장 아래 작약꽃이
피었다 오므렸다
점심때가 지나서야 떨어진 붉은 꽃잎
향내를 코끝에 뿜고 흩어지네 사라지네

—한국어
하나부터 열까지 모르다고 말하지만
내 속 타는 마음을 내가 더 잘 알아요
말귀를 못 알아들어도 나는 내가 잘 알아요

—저녁
뜻대로 이해 못한 한국어를 외우면서
숙제를 봐줘야 할 아들딸을 기다리네
지붕에 해가 저무네
시집온 지 십 년째

—달빛

문은 열려 있었지만 그이가 안 들어오네
우두커니 부엌에서 쌀국수를 삶는데
불두화 꽃피는 쪽에
떠오르는 보름달

—부부

누워서 저녁뉴스를 자막으로 보던 그이
그윽하게 던진 눈빛 잊히지 않을 눈빛
소리로 읽어야 할 마음
얼굴 보며 손짓한다

이웃집 무하마드

난 원목(原木)을 단번에
동강 내는 톱날이다
마음먹기에 따라
가슴 한 켠에선
바나나
잎사귀만 한
문짝 하나
만든다

톱밥과 화공약품
냄새 섞인 공장에서
손잡이 열쇠구멍
문을 언제 열어보나
밤마다
비가 내리면
생각나는
고향집

한식(寒食)
—라오스 새댁

시집오면서 연년생 아들을 둘 낳았고

처마에 둥지를 튼 제비가 들락날락하자

천 개의 바람이 모여 들판으로 흩어졌다

나이를 하나씩 빼

내게 준 시어머니

방문을 열어놓고

천천히 늙어갔다

그사이 나도 늙어서

이 집 귀신 될 거란다

먼 그대

먼저 죽은 그 사람이
마음에서 멀어지나

몸빼바지 갈아입고
눈물 콧물 흘리면서

줄 맞춰
고추 모종을
옮겨 심는
베트남 댁

무화과나무 끝에 달린
손톱만 한
열매 같은

아이들
밥 먹이면
읍네 김치공장으로

골목길
달빛을 밟고
밤일하러 갑니다

오래된 연애
—캄보디아 댁

그가 모른 척해서
숨이 막혀
죽을 나는

사랑한다 좋아한다
아주 말을
못하여도

놀아도 혼자 놀아도
안 늙는 줄 알았지

애인의 그림자를 따라갔다 돌아와서 모르는 남자에게 시집 가고 싶다 했지
나란히 상추씨 뿌린 그 사람이 이 남자다

나의 집 고양이
—베트남 댁

나비보다 나방이
날아드는 저물 무렵

내가 살던 옛날 집에
시장 골목 입구에는

꼬리를 치켜세우던
까만 얼룩 고양이

자전거를 타고 와서
상자에 쌓아올린

막 따온 망고처럼
말랑말랑한 고양이

입속에 쌓인 먼지보다
눈동자가 빛난다

망고

나무와 나무 사이 숲속에서 걸어가요
코끼리에 밟힐까 나는 달리고 있어요 넘어진 땅바닥 위로 망고들이 굴러요

내 뒤에 바짝 붙어
앞다투어 달렸을까
치마폭 그림자를
넓게 펼쳐 얼른 담자
잘 익은 거대한 과일
몸속으로 들어와

그이가 나를 안고 태몽일 거라며 임심 8주째라며 의사도 축하하는데 망고를 둥글게 돌려 베어 물던 생각뿐

입덧한 그날부터 캄보디아 엄마에게
아침마다 새들이 창 너머로 앉았다 간
마당에 망고를 따라고 전화해야겠어요

풀잎을 스치며

물밑 바닥 모래알이 사막처럼 흘러내린

누구나 여기 오면 맨발로 걸어가다

꽃이 핀 나뭇가지에 앉은 새를 바라보리
있어야 할 것들이 제자리 지켰을 뿐

없어도 될 것들은 세상에 없다면서

구멍 난 신발 속으로 산그늘이 비추리

풀섶에 휘감기듯 춤을 추듯 노래하리

남생이 기어 나온 모래톱 가장자리

내성천 바람 스치며 낮달 하나 떠오르리

신윤복의 〈월야밀회〉에서

내가 그를 생각하며 골목에서 기다릴까
구름에 들어가는 달그림자 옮긴 다음 마음을 가까이 두면 그가 손을 잡아줄까

달빛의 눈을 닮은 꽃잎을 떼어볼까
잎사귀 은은하게
박꽃이 피었는데
가슴을 스친 그림자
그는 이미 나의 애인

거문고자리를 찾아 날 데려가는 사람아 허리춤을 반 접어 손가락에 감아둘까
늦은 밤 버들가지가 천지간에 스친다

해설

존재의 변방을 비추는 근원적 빛으로서의 서정

유성호 문학평론가·한양대 교수

1.

이석구의 새로운 시조집 『그늘의 초록을 만졌다』(문학의전당, 2018)는, 단연 식물성의 미학적 집성(集成)으로 다가온다. 그 가운데 '꽃'이 압도적인데, 작품 제목에서만 뽑아도 그 안에는 '매화', '동백', '장미', '수국', '능소화', '자운영' 등이 만개해 있다. 더불어 '먹감나무', '사과', '살구', '망고'나 '산', '꽃', '풀잎', '초록', '분재'까지 망라하면 온갖 꽃과 과실과 나무와 풀을 시조집 안으로 옮겨놓은 인상을 준다. 그만큼 시인은 피고 이울어가는, 절정에서 황혼까지 모두 보여주는, 생성과 성장과 소멸의 시간을 운행해가는 '초록'의 생명들을 창작의 중심에 둔다. 아마 시조집 제목도 그러한 속성을 축

약했을 것이다. 그래서 우리가 이석구 시편들을 읽는 것은, 초록의 기운이 전해주는 풍경이나 삶의 모습을 들여다보는 것과 고스란히 등가가 된다. 그 안에서 우리는 시조 양식에 대한 치밀한 자의식과 탐구 의지, 구체적 사람살이에서 느끼고 얻은 살가운 깨달음의 경험들이 아름다운 형상으로 들어차 있는 것을 발견하게 된다. 우리는 이러한 시인의 구상과 실천의 경로를 따라가면서, 시조집 전체의 경개(景槪)와 그 안에서 빛을 발하는 가편(佳篇)들을 찾아 시인이 추구하는 세계를 탐색해볼 수 있을 것이다. 그리고 그 빛이 매우 근원적인 것으로서, 우리 시대 곳곳에서 살아가는 존재의 변방을 비추는 서정의 결실임도 이해할 수 있을 것이다.

2.

먼저 우리는 자연 사물을 향한 그의 밝은 눈이 여기저기서 섬광처럼 빛나는 순간들을 목도하게 된다. 시인은 자연 사물의 외관과 속성을 따라 매우 섬세하고도 탄력 있는 감각적 반응을 보이면서, 그로부터 삶의 비의(秘義)를 유추하는 모습을 일관되게 보여준다. 앞에서도 말했듯이 그 가운데 가장 압도적으로 채택되는 제재가 '꽃'인데, 그것은 '꽃'이 개화와 낙화 과정을 통해 사람살이의 신생과 소멸 과정을 고스란히 은유하는 보편적 제재이기 때문일 것이다. 우리 시의 전통에서 '꽃'으로 대표되는 자연 형상을 통해 삶의 이법을 궁구하고 표현하는 것은 매우 일반화된 방식이라고 할 수 있는데, 이때 이석구 시인이 공을 들이는 자연 형상의 구현은 인간과 자연이 근원적 관계를 맺고 있다는 생생지리(生生之理)의 관점을 보이면서 인간과 자연 사이의 관계론을 지속적으로 탐색하는 방향으로 진행되어간다. 이 가운데 '매화'가 단연 눈에 띈다.

당신은 죽고 못살
그렇지요 나의 애인

봄바람이 부네요
입맞춤을 해야지요

두 눈을 마주보며 웃고
밤 깊으면 좋구요

하얀 꽃잎 매화 한 잎
뽀오얀 꽃망울들

껍질에 코 박으니
암향이 은은하죠

꽃받침 안이나 밖을
입김으로 불어요

—「백매(白梅)」 전문

'백매'의 선연한 형상을 두고 시인은 "죽고 못살" 애인으로 호명하고 있다. 희디흰 매화의 외관이 '봄바람'과 '입맞춤'이라는 상관물들을 불러내고 있고, 하늘하늘한 하얀 꽃잎이 '꽃망울'과 '암향'이라는 감각적 파생물들을 낳고 있다. 두 눈을 마주 보며 웃고 꽃받침 안팎을 입김으로 불면서 밤 깊도록 밀어를 나누는 '연인' 이미지로 백매가 새롭게 살아나오는 아름다운 시편이다. 그렇게 '백매'는 "꽃망울 한 점을 보태 묵향으로"(「상춘(賞春)」) 번져가는 매혹적인 자연의 흔적으로 다가온다. 당연히 "아무 일도 아닌 듯이 피는 꽃이 있을"(「모시나비」) 까닭이 없다. 다음은 어떠한가.

발자국 꾹꾹 찍힌 얼음장 풀린 뒤

당신과 내 그림자는 물에 뜬 꽃잎 한 점

속눈썹 파르르 떨며
어디에서 꽃피우나

바람구멍 숭숭 뚫린 끝물의 붉은 매화

큰 돌 작은 돌이 에워싼 강물 소리

꽃망울 가운데 놓고
누가 먼저 향을 받나

—「납매(臘梅)」 전문

이번에는 '납매'다. '납매'는 선달에 꽃이 피는 매화로서, 자연스럽게 "발자국 꾹꾹 찍힌 얼음장 풀린 뒤"에야 모습을 드러내는 존재이다. 시인은 이 '납매'에게 속눈썹 파르르 떨면서 꽃을 피우는 연인 이미지를 다시 한 번 부여한다. 그 순간 "당신과 내 그림자는 물에 뜬 꽃잎 한 점"이 되어간다. "끝물의 붉은 매화"는 그렇게 "큰 돌 작은 돌이 에워싼 강물 소리"를 품으면서 꽃망울 가운데서 향을 뿌린다. 그야말로 "흰 나비 내려앉은 당신의 어깨처럼"(「청화(靑畵), 혹은 바다에서」) 모든 자연 사물이 사랑의 미학으로 배열되는 순간이다. 그때 "허공의 꽃 진 자리마다"(「곡우(穀雨)」) 허허롭지만 아름다운 사랑의 마음과 흔적과 시간이 함께 농울치고 있을 것이다.

이처럼 이번에 펴내는 이석구 시조집은 오랜 경험적 시간 속에서 만난 자연 사물들을 실물 감각으로 재현하면서, 존재자들에 대한 애잔한 사랑의 기억을 충일하게 채워간 서정의

도록(圖錄)이다. 시인은 오랫동안 생을 이어온 이들에게 차분한 심미적 시선을 보내면서, 그들의 시간에 간곡하고도 아름다운 사랑의 목소리를 얹어준다. 그렇다고 시인이 자신이 관찰한 이들의 모습을 서경적으로 갈무리하고 있는 것은 아니다. 다만 순간적 잔상(殘像)을 통해 지극한 사랑의 마음을 토로하고 있는 것이다. 그 순간, "실핏줄 터지면서/심장이 뛰는 소리"(「그대 능소화」)가 들려오고, "산 아래 흩어지면 화엄(華嚴)의 무늬"(「화엄사 동백」)가 보이는 듯하지 않는가.

3.

두루 알다시피, 시조는 선험의 율격을 지켜가는 유일한 정형 양식이다. 시조는 남다른 함축 원리를 구현하는 첨예한 양식으로서, 정제된 형상을 통해 우리 시대의 언어 과잉에 대한 반성적 기능을 다하고 있다. 이석구 시인은 정형이라는 외적 제약에도 불구하고, 원초적 통일성을 회복하려는 서정 양식의 이러한 본래적 지향을 시조 안에서 침착하게 구현해간다. 이는 절제와 균형에서 오는 미학적 효과이자, 언어를 적절하게 배치하는 시인 자신의 역량에서 오는 결과이기도 할 것이다. 우리는 그가 성취해가는 '시적인 것'이, 더러는 사람살이의 시간을 생각하게끔 하는 유력한 형질로 다가오는 것을 느끼고, 더러는 서정시가 오랫동안 쌓아온 불퇴전의 함축

적 기율로 나타난다는 것을 알게 된다. 결국 이는 망각된 것들을 복원하는 일에 심혈을 기울여온 예술 본래의 방법론으로서, 빛나고도 선명한 기억을 통한 풍경이나 시간에 대한 헌사로서 나아가게 되는 것이다. 이석구 시학이 집중적으로 찾아가는 풍경과 시간은 자연의 기운이 어떤 절정에서 보여주는 에너지를 통해 암시된다.

소나기 한 줄기가
쏟아진 다음에는
새소리가 들려오고
버들잎이 만져지고
물 위에 입혀진 무늬
당신의 긴 그림자

바람이 분다 불어도 그 끝을 잡지 못한
아무렇지 않은 듯이 흐르는 뭉게구름
배추밭 고라니 발자국 왔다 갔다 서성이고

잘못 드는 길이면 그대로 주저앉을
팔월 여름의 반은 물결에 떠올라서
수북이 쌓인 풀잎이
꽃피는 줄 몰랐다

—「그늘의 초록을 만졌다」 전문

이번 시조집의 표제작이기도 한 이 시편은, 비가 그치고 바람이 불고 꽃이 피어나는 동안, 사랑하는 "당신의 긴 그림자"를 다시 한 번 느끼는 작품이다. 소나기 한줄기 쏟아진 다음, 시인은 비로소 새소리도 들려오고 버들잎도 만져지는 감각의 열림을 경험한다. 그때 "물 위에 입혀진 무늬/당신의 긴 그림자"가 떠올라, '그늘의 초록'을 만지는 순간을 맞이한다. 바람이 불고 구름이 흐르고 생명들도 저마다의 힘으로 움직일 때, 시인은 여름날에 "수북이 쌓인 풀잎이/꽃피는 줄" 새삼 알아간 경험을 치른 것이다. 연시조가 택한 세 수의 시조를 모두 다른 형식으로 배열한 것도 이색적이다. 이 작품에서 시인은 뭇 자연 사물이 모두 "천연스런 색이란 듯"(「낮잠」)이 그 아름다움을 느끼고 있고, 그것도 "동백 꽃잎 달라붙은/건너편 바위 그늘"(「위미리 동백」)처럼, '그림자/그늘'에서 초록의 기운을 안아 들임으로써 "흙냄새/번진 그늘을 새파랗게 에워싼"(「초록 2」) 시간을 한껏 품고 있는 것이다. 다음의 '초록'은 어떠한가.

꽃이 핀 줄 모르고 뽑은 풀이 새파랗다
등 뒤에 돌아앉아 매달린 흙덩어리 움켜 쥔 풀들이 모여 손아귀가 수북하다

아침에 꽃핀 자리 나비는 날지 않고 뿌리가 뽑히면서
구덩이를 메운 허공
밭이랑 쌓인 풀잎들 뽑은 풀이 가볍다

—「초록 1」 전문

길고 짧은 행의 순서, 짧고 긴 행의 순서를 역상(逆像)으로 배열하여 마치 서로가 서로를 비추는 듯한 형상을 취하고 있다. 시인은 「그늘의 초록을 만졌다」에서도 "꽃피는 줄 몰랐다"고 했는데, 여기서도 "꽃이 핀 줄 모르고 뽑은 풀"을 바라보고 있다. "등 뒤에 돌아앉아 매달린 흙덩어리"를 풀에서 발견하고는, "움켜 쥔 풀들이 모여 손아귀가 수북"함을 느끼고 있다. 그때 시인은 꽃이 핀 자리에서는 나비가 날지 않고, 오히려 "밭이랑 쌓인 풀잎들"을 보니 문득 뽑은 풀이 가벼움을 느낀다. "뿌리가 뽑히면서 구덩이를 메운 허공"처럼, 부재를 통해 존재를 드러내는 '초록'의 힘과 마주치는 것이다. 모든 사물들의 사이에 '초록'이 있고, 거기서 우리는 "가슴 아래부터 뜨겁고 깊은 호흡"(「뾰족뾰족한 봄」)을 발견하게 된다는 것을 시인은 감각적 충만함으로 노래하고 있는 것이다.

이처럼 오랜 시간 동안 자연 사물의 외관과 속성과 상징적 의미를 깊은 사유와 감각을 통해 관찰하고 표현해온 이석구 시인은 참으로 오롯한 자신만의 예술적 의장(意匠)을 보여준다. 우리가 시 쓰기를 통해 삶과 사물에 참여하는 것은, 이러한 시인 자신의 사유와 감각을 통해 새로운 탄력을 부여받으려는 의미를 띠는데, 이석구 시학의 핵심이 그러한 직능을 수일(秀逸)하게 감당하고 있는 것이다. 더불어 이러한 시인의 사유와 감각은 우리의 삶이 가지는 관성에 일종의 인지적, 정서적 충격을 가한다고 할 수 있다. 우리는 그가 노래하는 '그늘' 속에서, '초록'의 진풍경 속에서, 우리가 원형적으로 되찾아야 할 가볍고도 긴 "당신의 그림자"를 만날 수 있고, 그 안에서 "밀물의 시간 맞춰 사라지는 섬 같은 말"(「알츠하이머 매화」)을 들을 수 있을 것이다. 존재의 변방을 비추는 근원적 빛이 출렁거리는 순간이 아닐 수 없다.

4.

이석구 시학은 기본적으로 생명 지향의 속성에서 발원하지만, 그것은 그가 온몸으로 견뎌야만 했던 시간이 녹록치 않은 크기와 깊이로 존재했었음을 알리고 있는 것이기도 하다. 시인은 만만치 않은 생의 무게를 인간 실존의 불가피성으로 받아들이면서, 매우 구체적이고 선명한 기억에 토대를 둔 자신만의 시학을 펼쳐간다. 소요(騷擾)와 어수선함이 난무하는 세상을 향해 격정적인 저항의 태도를 가지기보다는, 섬세한 관찰과 증언으로 그는 '고요의 미학'을 통한 치유에 나선다. 그 점에서 그는 한결 자신만의 독자성을 입증하고도 남는다.

이씨(李氏)네가 이사 오기 이전부터 있었다는
장독대 담장 너머 한 그루 먹감나무
샛바람 지나간 자리 성근 가지 휘어지고

아련한 단맛들이 진액으로 채워졌을
방바닥에 콩기름을 바른 듯 잘 익은 감
마루를 닦는 아내의 손바닥이 발갛다

서릿발 그늘 아래 나이테 쌓일수록
감잎 위에 고여 있는 눈부신 볕이 좋아
굴뚝새 하루가 멀다고 날아오는 집이다

—「먹감나무 둥지」 전문

검은 줄무늬가 들어간 감나무를 '먹감나무'라고 하였고, 그것은 옷장, 문갑 등 조선시대의 가구재로 널리 쓰였다고 한다. 시인은 그 오래된 한 그루 먹감나무가 오래전부터 있었으며, 지금은 장독대 담장 너머에서 성근 가지 휘어진 채 고목처럼 서 있다는 점을 알려준다. 그 오랜 세월은 먹감나무로 하여금 "아련한 단맛들이 진액으로 채워졌을" 감을 달게끔 했을 것이다. "마루를 닦는 아내의 손바닥"은, 정지용이 노래한 "사철 발 벗은 아내"처럼, 김영랑이 노래한 "누이의 마음"처럼, 정겹도록 발갛게 다가온다. 또 오랜 세월이 흘러도

"감잎 위에 고여 있는 눈부신 볕"이 좋아 '굴뚝새'가 늘 찾아온다고 하는데, 하루가 멀다고 찾아오는 새의 입장에서 보면 그것은 영락없는 '먹감나무 둥지'일 수밖에 없을 것이다. 그렇게 '먹감나무 둥지'는 "시간이 흘러가면/통하는 그리움"(「넝쿨장미를 넘다」)을 가지고 바라보는 "빈집 같은/그리운 풍경"(「마른 수국에서」)이 아니겠는가. 그 안에는 "환하게 머문 햇살"(「꽃과 꽃잎 사이」)과 함께, 따뜻하게 생명을 품어주는 치유의 시공간이 머물러 있을 것이다.

강둑에 쏟아지는 한 줄기 소나기만큼

모래가 모래끼리 좌향(坐向)을 트는 여울

깊은 밤 푸른 외바퀴

건너가는 달빛 같다

물밑 바닥 노려보며 부리 박는 왜가리가

바람자락 잡아채며 출렁이는 버드나무

고라니 놀란 발자국

산그늘이 솟구친다

—「내성천에서」 전문

'내성천'은 경북 봉화 쪽에서 발원하여 영주, 예천, 문경을 지나 낙동강으로 흘러든다. 시인은 구체적 지명을 통해 그곳에서 관찰한 '강둑'과 '모래'와 '여울'과 '왜가리'와 '버드나무'와 '고라니'를 하나 하나 채록해간다. 그리고 '산그늘'이라는 흔적, 잔상, 자국에 가닿는다. 어쩌면 이번 시집의 키워드는 이러한 '그늘/그림자/자국/흔적'들일지도 모른다. 그렇게 "모래가 모래끼리 좌향(坐向)을 트는 여울"은 달빛처럼 푸르게 흐르고, "새파란/물밑 바닥을/응시하는/돌부처"(「왜가리」) 같은 왜가리와 "고라니 놀란 발자국" 때문에 솟구치는 '산그늘'은 고요하면서도 역동적인 풍경을 살갑게 드러낸다. 시집 전체를 통해 시인은 '내성천' 연작을 여럿 쓰고 있는데, 가령 그 시상(詩想)은 "수십 억 모래알로 수평(水平)을 맞춘 물이 깊고"(「내성천 여울」), "물소리 바람 소리 음표처럼 찍어가며"(「물의 시간」) 흐르는 물결의 아름다움으로 나아가기도 하고, "멀쩡한 강을 건드려 새로 짓는"(「보(洑) 위에서」) 권력에 대한 비판으로 나아가기도 한다. 깊고 융융하다.

이처럼 이석구 시인의 따뜻하고도 천연의 흐름을 내장한 풍경들은 뚜렷한 그만의 시학적 표지(標識)를 이루어간다. 물론 이러한 묘사가 결코 퇴행적이거나 회고적 정서에 머무르고 있는 것은 아닐 것이다. 오히려 시인의 이러한 마음은 우리가 가닿아야 할 가장 원형적인 세계 탐구의 모습이자, 우리가 새로운 생성을 예비해가야 하는 가장 구체적인 원형적 탐색의 지향이 되고도 남을 것이다. 말할 것도 없이, 이 또한 존재의 변방을 비추는 근원적 빛으로서의 서정이 나타난 실물 사례일 것이다.

5.

다음으로 우리는 시인이 존재론적 귀속성을 가지면서 바라보는 공동체적 감각을 만나볼 수 있다. 일반적으로 서정시가 시인 자신에 대해 노래할 때조차 공동체적 사유를 일정하게 동반할 수밖에 없다는 점에서, 이석구 시편은 이러한 서정시의 원리에 매우 충실한 성과라고 할 수 있다. 그는 일관되게 자연 풍경 속에서도 역사를 읽고, 그 안에서 우리 존재의 근원과 함께 그 근원을 나누어 가지고 살아가는 이들을 상상하는 시인이다. 그의 시편은 신산한 세월을 살아가는 이들의 모습을 담아내면서, 우리 주위에서 가파르고도 아름다운 삶을 꾸려가는 이들의 수심(水深)을 깊은 눈으로 바라본다. 그 장면을 이루는 주역들은 아득한 이역(異域)에서 온, 이제는 우리 이웃이 된 존재자들이다.

잠시 사귀다 헤어진 옛날 애인 어깨 같은
고개를 넘은 다음 쉬었다 가는 읍내
벚나무 그늘 옆에서 나도 모르게 웃습니다

시집오기 전 그해 메콩강이 생각난 거죠
강둑을 지나면서 오토바이 올라탔던
스무 살 새파란 나이 헤어진 첫사랑을요

커다란 눈의 애인이 떠오른 게 미안해서
남편 모른 캄보디아어로 인사하고 나온 아침
시장에 도착할 때까지 가속도를 붙입니다

—「오토바이를 타다」 전문

캄보디아에서 이 땅에 시집을 온 여인을 화자로 삼은 이 시편은, 그 옛날 스무 살 때 "잠시 사귀다 헤어진 옛날 애인 어깨 같은/고개"를 넘어 읍내의 벚나무 그늘 옆에서 자신도 모르게 웃는 그녀의 모습을 환하게 보여준다. 그녀에게 잠깐, "강둑을 지나면서 오토바이 올라탔던/스무 살 새파란 나이 헤어진 첫사랑"이 메콩강과 함께 떠오른 것이다. 그녀는 그저 "남편 모른 캄보디아어"로 인사를 했지만, 그날은 시장에 도착할 때까지 오토바이에 가속도를 붙일 만큼 새로운 아침을 맞은 것이다. 우리는 이 여인의 마음에서, "구름이 머물다 간 장독대 가장자리”(「저절로 감는 눈썹—캄보디아 새댁」)의 고요함과 함께, 오토바이의 속도감을 동시에 느낄 수 있을 것이다.

동남아 노동자가 암송하는 코란에도

퇴근길 샛강 건너 대림동 쪽방에도

어둔 밤 눈 내리는 소리
가로등에 스쳐요

오른발 왼발 바꿔가며 집으로 돌아가요

지하철 근처에서 기다리는 버스에도

신발 속 발가락 사이
쏟아지는 눈발들

—「폭설」 전문

이석구 시편에는 “밤마다/비가 내리면/생각나는/고향집”(「이웃집 무하마드」)을 멀리 둔 이들의 “소리로 읽어야 할 마음”(「책상과 밥상 사이—베트남 댁」)이 진하게 번져 나온다. 비록 "알맞게 채워지지 않는 것이 마음"(「그—규학이 형에게」)이지만, 우리 모두가 그것을 함께 채워가야 함을 그는 에둘러 말하는 것이다. 시인은 그렇게 "동남아 노동자가 암송하는 코란"이나 "퇴근길 샛강 건너 대림동 쪽방"에도 귀와 눈을 돌리면서 "어둔 밤 눈 내리는 소리"가 그네들의 마음임을 노래한다. 마찬가지로 지하철 근처 버스에 내리는 눈이나, "신발 속 발가락 사이/쏟아지는 눈발들"에서도 아득한 고향 생각을 하는 그네들의 모습을 품는다. 모두 "눈발과 얼음 사이 아득한"(「월동(越冬)」) 시간이 흐르고 있는 풍경인 셈이다. 폭설조차 시인의 따뜻한 마음을 드러내는 상관물로 다가온다.

지금 우리는 인간이 스스로 삶의 주체임을 자임했던 근대의 논리가 허물어지고, 서정시가 근대의 저편을 응시하는 대안 양식으로 자리 잡아야 하는 시대를 살고 있다. 잘 쓰인 서정시는 현실을 대체하는 것이 '다른 현실'이 아니라, 빛나는 사유와 감각으로 구성되는 '시적 현실'이라는 것을 심미적으로 보여준다. 이러한 사유와 감각은 '현실/꿈'의 접면에서 만들어지는 균형 속에서 미학을 완성해간다. 그리고 일상에 편재한 존재론적 결핍을 치유하고 새로운 소통 가능성을 꿈꾸는 과정을 형성해간다. 이석구 시인은 이역에서 이 땅으로 삶의 터전을 옮겨온 이들의 삶과 마음과 현실을 담아내면서, 이러한 '현실/꿈'의 접점을 따뜻하게 마련해간다. 그것이 바로 존재의 변방을 비추는 근원적 빛으로서의 서정일 것이다.

6.

오래도록 양식적 계승을 해오면서 오늘날에 이른 시조는, 정형 양식으로서의 기율을 통해 고유한 균형과 절제의 원리를 지켜왔다. 서구 지향의 미학에 대한 실천적 항체로서 역진(逆進)의 상상력을 견지해온 시조는 그렇게 서정시로서의 위의(威儀)를 지켜온 것이다. 이석구 시인은 시조 양식을 통해 정형 미학의 창의적 구현과 완성에 매진하는 적공(積功)을 보여준다. 그의 시조를 통해 우리는 시조가 함축 미학의 극점을 보여주는 역사적 실체임을 알게 되고, 시조가 일정한 형식과 율독적 배려를 통해 정형 양식으로서의 정체성과 확장성을 지켜갈 수 있다는 믿음을 얻게 된다. 지금까지 우리는 단형 서정의 정점에서 피워 올리는 이석구만의 섬세한 감각과 따뜻한 시선, 심미적 기억의 현상학, 시조에 관한 각별한 자의식으로 감싸인 모습을 읽어왔다. 시조가 우리 시대를 역류하여 새로운 미학적 대안의 역할을 할 수 있다는 믿음도 가지게 되었다. 시조가 예리하고도 개성적인 상상력을 통해 우리 일상에 편재한 불모성을 치유하고 새로운 소통 가능성을 꿈꾸게 하는 양식임도 알게 되었다. 그는 자연 사물에 대한 감각적 재현을 통해 우리 몸속에서 일어나는 생명의 움직임을 전달해주고, 시조가 생성의 활력과 오랜 기억의 지층을 동시에 증언하는 양식임을 일러준 것이다.

결국 우리는 이러한 깊은 감각과 사유가 그려낸 심미적 파

문과 함께 아득한 근원으로 흘러갈 것이다. 그 흐름 안에 우리의 감각과 상상력을 얹으면서 이 쓸쓸하고도 고독한 반어적 길을 걸어갈 것이다. 그 길 위에서 읽은 정형 미학의 심층과 이면이 완미한 고독으로 빛나면서 우리를 위안해줄 것이다. 앞으로도, 그것이 꽃이든, 그늘이든, 시간이든, 물결이든, 아니면 우리 가까운 데서 살아가는 이들이든, 이석구 시인의 서정적 시선과 언어는 존재의 변방을 비추는 근원적 빛으로서의 심미적 결정(結晶)으로 다가올 것이다.

이 도서의 국립중앙도서관 출판시도서목록(CIP)은 서지정보유통지원시스템 홈페이지(http://seoji.nl.go.kr)와 국가자료공동목록시스템(http://www.nl.go.kr/kolisnet)에서 이용하실 수 있습니다.(CIP제어번호: CIP2018032332)

문학의전당 시인선 0296

그늘의 초록을 만졌다

초판 1쇄 인쇄 2018년 10월 15일
초판 1쇄 발행 2018년 10월 22일
지은이 이석구
펴낸이 고영
책임편집 서윤후
디자인 헤이존
펴낸곳 문학의전당
출판등록 제2017-000002호
주소 서울시 마포구 마포대로 11길 91, 3층
전화 02-852-1977 팩스 02-852-1978
전자우편 sbpoem@naver.com

ISBN 979-11-5896-394-1 03810

* 이 시집은 서울문화재단 '2017년 창작집 발간지원사업'의 지원을 받아 발간되었습니다.